Levantes & Ponientes

POETRÍAS
DE ANDRÉS VÁZQUEZ

Primera edición: abril de 2021

© Andrés Vázquez 2021

Reservados todos los derechos.

Contacto: andresvazquez2mil12@gmail.com

Edición maquetada por www.contracorriente.com

Foto portada y elementos gráficos: Andrés Vázquez

Retrato del autor: Luis Escrivá

Levantes & Ponientes

**POETRÍAS
DE ANDRÉS VÁZQUEZ**

Contenido

*La poesía es un refugio donde salvaguardarnos
de las intenciones de los algoritmos.
Leer y escribir poesía nos nutre, nos fortalece e ilumina.
En este sentido, vendría a significar la expresión más útil en estos tiempos
tan inciertos que habitamos.*

Dedicado a quienes forman parte de mi presente hoy

Andrés Vázquez

La rabia a la pena le lanza ladridos.

La pena a la rabia, tarantos gemidos.

*Fragmento de **la rabia** de Amanda Espinel*

Andrés Vázquez

I. PAELLOS Y PAELLAS

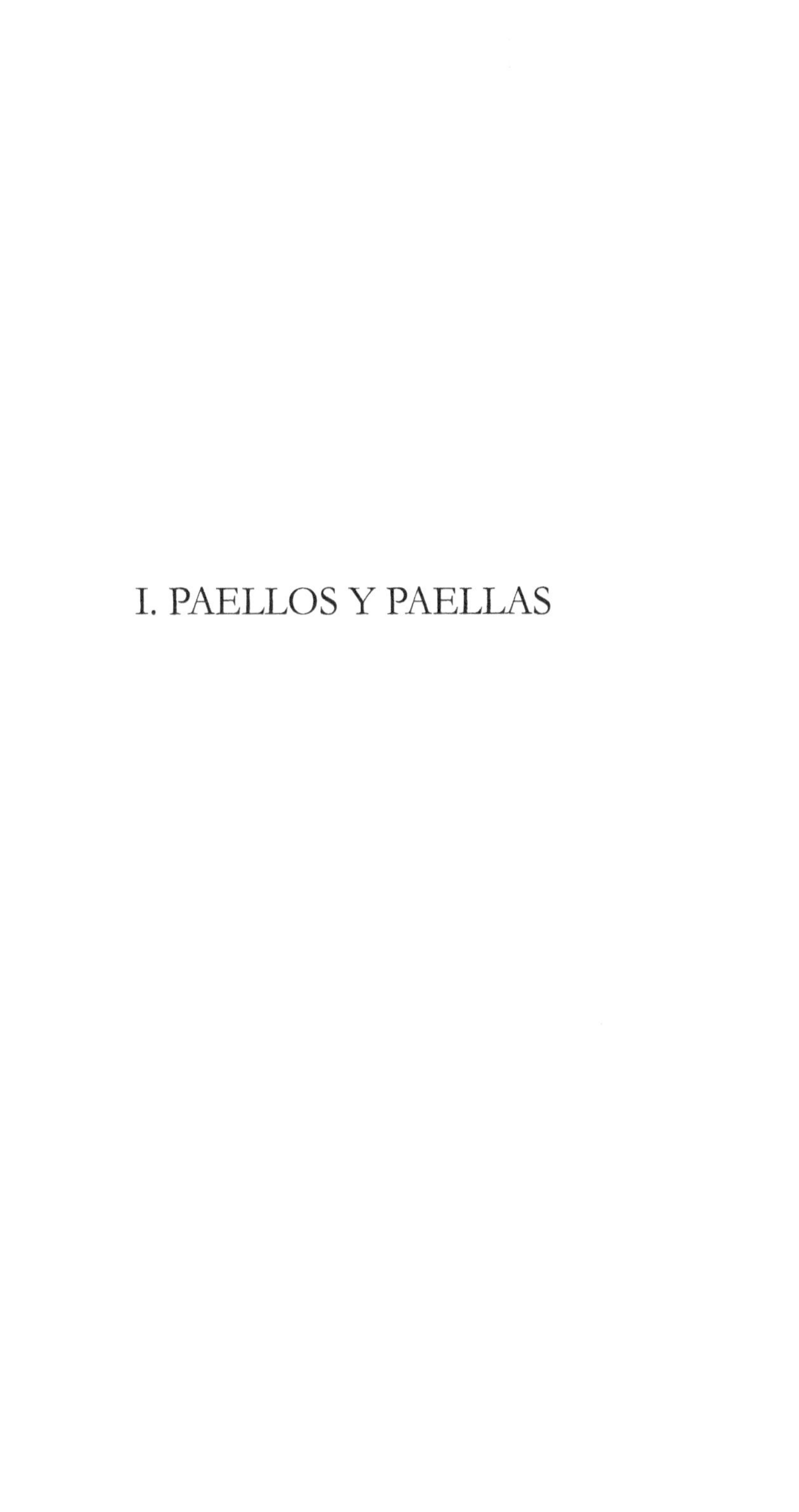

NO PUDIERON SER

Romance

A Miguel Hernández

Fueron dos las caricias,

tres los besos robados.

Porque besos besados,

unos plenos de labios,

tiernos labios salados;

esos no pudieron ser, no.

Con tus sonrisas me quedo,

unos destellos certeros.

Porque abrazos, abrazos,

firmes y tan sosegados

y con los ojos cerrados;

tampoco pudieron ser, no.

DESGANA

A Soniq

Oye Sonia.

Oigo, Andrés.

Aquí me duele, nena.

Pues ya ves.

Oye Sonia.

Oigo, Andrés.

Ya tengo hambre, reina.

Pues ya ves

Mira Sonia.

Miro, Andrés,

¿Me deseas, nena?

Pues ya ves.

Mira Sonia.

Miro, Andrés.

Ya son horas, reina.

Pues ya ves.

Oye Sonia.

Oigo, Andrés.

Quiero todo, nena,

todo al revés.

Andrés Vázquez

MARES Y FAROS

A Marta rsrs

Esa luz,

mar de cristal,

vino sobrenatural.

Eres tú,

cuello de azul,

ojos de miel, cabellos de nata,

labios rizados y dedos de plata.

Mares que sienten,

Faros que mienten.

¿O acaso no, gata?

Ese azul,

mar natural,

vino en copa de cristal.

Eres tú,

cuello de luz,

ojos de miel, cabellos de plata,

labios rizados y dedos de nata.

Mares que mienten,

faros que sienten.

Dime que no, Marta.

NOCHE DE LOBOS

Décima

A Leticia de Lux

En la barra de Los Gallos,

noche de lobos con dientes.

Mira esa, ¡Qué diamantes!

Y son sus ojos dos rayos.

Luego al Toni que marchamos:

piano y eucaristía.

Esa mano es la mía.

After en Santa Teresa

y unos churros con cerveza

ahogaron la luz del día.

Andrés Vázquez

SONES Y RAZONES

Décima

A Raquel

La música tiene su son.

Una mano en tu cintura

es mi rato de cordura

si no lo impide la razón.

Quisiera pedirte perdón

por la terapia de urgencia.

No me gusta la violencia

ni tampoco que te dañes,

que las criaturas salvajes

tienen su propia querencia.

APETITOS

Soy puta, me dice.
Un placer. Yo, Papá Noel.
Tengo drogas, me dice.
Pues si quieres, drógate.
Soy mulata, me dice.
Ya te veo, María José.
Tengo arte, me dice.
Pues hazme desaparecer.
Tienes miedo, me dice.
Es miedo al amanecer.
Ahí no muerdas, me dice.
El hambre no da de comer.
Cuando tu vuelvas, me dice.
Mulata, no pienso volver.

Andrés Vázquez

BALADA DE BONANZA

Seguidilla

A Luismi Fdez

Vámonos *pa* Sanlúcar,

al sol y ruido.

Marismas en Bonanza,

tierras de río.

Senra y sus remolachas,

así es el *bisho*.

El feo en la cocina,

su pulpo, rico.

Cena en Bajo de Guía.

Diego, te digo,

tuya la gamba cruda

y mío el vino.

Ponle más gambas crudas

y a mí más vino.

Dardos por la Calle Ancha,

menudo lío.

Copitas en la playa,

noche de frío.

Inma que se divorcia,

tiene dos hijos.

Maribel que se cansa,

somos muy críos.

Vámonos *pa* Sanlúcar,

es un delirio.

Vámonos a esas tierras,

tierras de río,

río de arena,

lo tuyo es mío,

arena fina,

¡Vamos al lío!

Andrés Vázquez

UN BUEN DÍA

A Mercedes

Ya me lo advirtió mi papa,

levantando así una ceja,

que ese hombre zalamero

no era tan buena pareja.

Dicen que el amor es ciego.

Yo no quise ver de veras.

Lo sabía todo el pueblo.

Se dirían: vaya lerda.

Un buen día, llego pronto

y su coche está en la puerta.

No en la puerta de mi casa

sino en la de la Azucena.

En el bar hice preguntas.

Recibí caras de pena.

Decidí echarle huevos.

Papa levantó una ceja.

Azucena, avisa al mierda.
Pronto apareció en la puerta.
Dice: te lo puedo explicar.
Le contesto: haz la maleta.

Soy la cornuda del pueblo.
Malmetían ellos y ellas.
Mal pensada, exagerada,
pues que digan lo que quieran.

Dos hijos menores que criar,
tiendes la ropa en soledad;
llevas las cuentas a dedo
y el tiempo te va echando edad.

Vueltas y más vueltas le das.
Ayuda necesitarás.
La terapia cuesta cara.
Mañana, otro día será.

Y dime, ¿A dónde fue el amor?
¿Cuándo vuelve la ceguera?
Dime, ¿dónde estuvo el error?
Si solo quiero que me quieran.

Andrés Vázquez

ROMANCE DE LA LUNA TORDA

A Alicia Bandida

Niña, llévate estas penas
que la noche martiriza,
acicala el horizonte,
vamos, venga, con la brisa.

Niña, ¿dónde están las ganas?
Es la noche, que castiga.
Es la gata, que se cela,
vamos, venga, ay que risas.

Nos alcanza la tormenta.
Venga, niña, date prisa.
Ese rayo es una raya.
En el cielo, una sonrisa.

Niña, cuánta gente guapa.
La que menos, es divina.
Los galanes tienen gota
y sus manos frías, frías.

Niña, tómate una copa,

de ginebra comedida.

Este vino es una mierda.

Este sitio es una ruina.

Vamos, venga, que nos vamos.

Esa chica es *toa* pija.

Vamos con la luna torda.

Esta lluvia es fina, fina.

          Andrés Vázquez

LA DUDA

Fillos de mi vida
por los siglos, cada día.
Abierta la herida,
ratos de idas y venidas.

Así es el dolor.
Así es.
Así el horror.

Fillos de mi vida,
tengo piel clara, muy clara
y la sangre pulsa
cuando me acecha la duda.

Mira que son,
las dudas.
Mira que son.

MARIBEL

Seguidilla

Maribel y su cuento
vienen de lejos.
La mujer se depila
frente al espejo.
La mujer se rasura
todo el conejo.
La mujer duerme al vuelo
como un vencejo.
Maribel tiene vicio
como su viejo.
Maribel, un consejo:
ahí te lo dejo.

Andrés Vázquez

II. SIMETRÍAS

 Andrés Vázquez

ALGO VALGO

Algo tienes, tienes algo.
Tanto tengo, tanto valgo.

Algo tengo, siento algo.
Tanto sientes, tanto hago.

Algo haces, vengo algo.
Tanto vienes, tanto salgo.

Algo tengo, miento algo.
Tanto mientes, dame un trago.

SIEMPRE NADA

Siempre todo nunca nada,
hoy me tomas la palabra.
Nunca nada siempre todo
y me dejas en el lodo.

Todo nunca nada siempre,
tienes miedo a las serpientes.
Nada siempre, eres bruja
y es que siempre es todo nunca.

Andrés Vázquez

NUNCA ES TARDE

Sextilla

Vamos dentro que es tarde.

Vaya si es tarde, vaya.

Despacito, cobarde.

Calla cobarde, calla.

Nunca es tarde si arde.

Vaya si arde, vaya.

LEVANTES & PONIENTES

Al debate de género

Anda, no te levantes
que me pones,
me pones valiente,
tú y tu gente,
tanta gente corriente,
de mente caliente.

Anda, calla y vente,
que me pones,
me pones caliente,
tú y tu mente.
Vamos rumbo al poniente
pero sin tu gente.

Andrés Vázquez

BESOS

Soleá

Estos son besos con besos:
rondarán alta la puerta
colmaditos de deseo.

Besos con besos son estos:
marchan desde la frontera
con hambriña de puchero.

Estos son besos con besos:
abrigan la luna entera
y un firmamento sereno.

CRIATURA SALVAJE

Décima

(réplica a Sones y Razones)

La música tiene perdón.

Un ratito en tu cintura,

una mano de cordura;

Ay, si tuviera la razón.

Cuando quieras bailar un son,

marca el ritmo con urgencia.

No me busques la querencia,

criaturita salvaje.

Yo no quiero que te dañes,

más condeno la violencia.

Andrés Vázquez

SILENCIO A TIEMPO

Silencio y distancia,
tiempo y constancia.

Distancia y tiempo,
tiempo al silencio.

Tiempo y silencio,
distancia a tiempo.

Distancia y silencio,
tiempo al tiempo.

Silencio a tiempo.
Silencio y silencio.

Andrés Vázquez

46

III. CANCIONES

Andrés Vázquez

CALAS Y MIEDOS

Seguidilla
A María Antonia

Tú me ves en el verde

de calas rojas.

Tú me ves en el verde

de calas rojas.

Y en cada estrofa,

tú me ves en el agua

que las remoja.

Bebes vino del vidrio

que luz rebosa.

Esa copa que brilla,

la luz reposa.

Y en cada estrofa,

tú me ves en el vino

que luz rebosa.

Yo te veo en el tinto
de un coletero
de hilo fino y raído,
ya casi negro.
Y en cada verso,
yo te veo en el hilo
ya casi negro

Y son cuatro las vueltas,
las de este pelo.
Son ya cuatro las vueltas,
todo un enredo.
Y en cada verso
hay un beso en el cuello,
besos del miedo.

Andrés Vázquez

UN MAL VINO

Un mal vino, querida,

vino a significar

y vino a precipitar

las uvas de nuestra ira.

Un buen vino bebimos

y uno más que perdimos,

otro más que brindamos

y casi nos ahogamos.

Un mal vino, mi amiga,

vino a precipitar

y también a significar

lo mucho que la uva abriga.

Un mal vino bebimos

y uno más que perdimos,

otro más que lloramos

y así hasta que naufragamos.

LA VERDAD

Rumba

Que yo,

yo no te oculto nada (de nada).

Pero nada es nada

y así tú no te enfadas, no.

Tú no me pongas caras,

no me pongas caras.

Y no,

yo no te cuento todo (del todo)

porque si no

yo te estaría hablando

hasta por los codos,

hasta por los codos.

Chorus: Y la verdad,

no te mentiría, mi vida

pero no me pidas

que te diga toda la verdad.

    Andrés Vázquez

Que no,

tú no me ocultes nada (de nada)

ni me lo cuentes todo.

Me sobran las palabras, sí.

Prefiero las miradas,

prefiero las miradas.

Chorus:

Y la verdad,

no te mentiría, mi vida

pero no me pidas

que te diga toda la verdad.

EL CAJÓN

Seguidilla

A Marieta

Yo tengo un cajón
y una pandereta.
Por una peseta
esta es tu canción.

Yo tengo un cajón
lleno de chocolate.
Oye, tú, no me mates,
ya me salgo al balcón.

Yo tengo un cajón,
delicias marinas,
trompeta y sordina
es nuestra canción.

Yo tengo un cajón
que con ritmo me lleva
a mover la cadera
y a bailar un danzón.

Yo tengo un cajón
con una saeta.
Tus besos, Marieta,
son todo ilusión.

      Andrés Vázquez

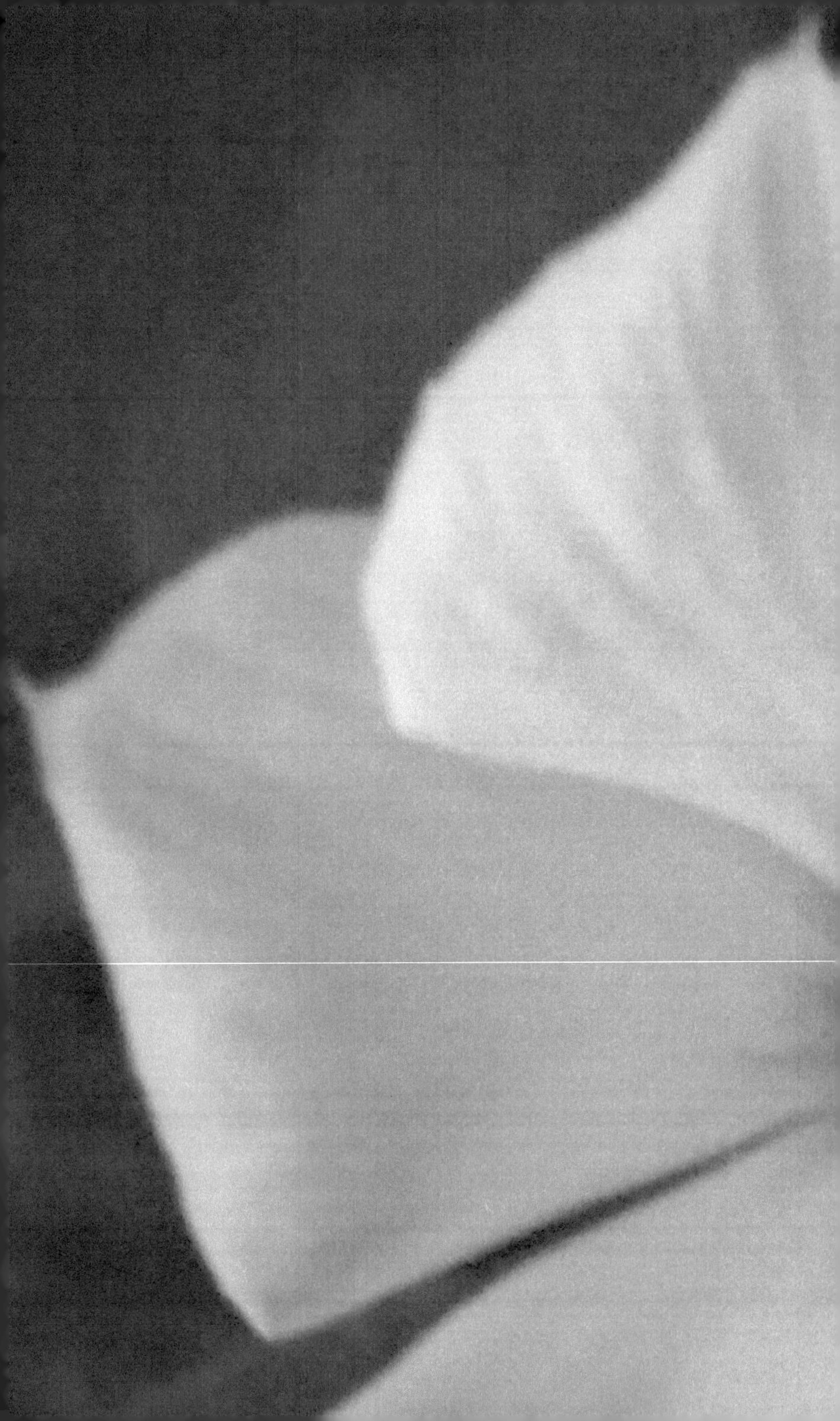

IV. RETALES Y RECUALES

Andrés Vázquez

AY, CIELO

Copla de pie quebrado

Ay, cielo, bendito cielo.

Sus nubes de caramelo,

hueso y carmín.

Ay, cielo, lindo este cielo.

Y un lazo para tu pelo.

Huele a jazmín.

FRUTOS DE LA TERRETA

Benvinguts a la Terreta
por donde vuela el zorzal.
Por la marcha y la marcheta
almorzaremos con bobal.

Naranjos y más naranjos,
fruta de categoría.
Nísperos y mandarinos,
perales también habría.

Olivos y más olivos,
ajoaceite, romero y sal,
limones, tomates e higos,
No cocines sin delantal.

Manzanos y más manzanos.
Tete, eres un gamberro.
Si llegamos a las manos,
te presento a mi perro.

Almendros y más almendros,
arroz, conejo y garrofón.
Me devoran estos celos;
déjame estar, no seas cabrón.

Andrés Vázquez

Ciruelos y más ciruelos,
corre agua por la acequia.
Lucen firmes esos senos.
Esa dona es una necia.

Higueras y más higueras
por donde corre la ardilla.
Esto no es lo que esperabas:
agua, arena, cal y arcilla.

Granados y más granados.
Mañana hará mucha calor.
Si nos quedamos parados
no llegaremos al arroz.

Benvinguts a la Terreta,
suave sopla un viento del sur
que se arrima a la serreta
mientras se viste el mar de azul.

EN LAS ROCAS

Romance

Despertaste entre las rocas.
Ven, sacúdete la arena;
naufragaste por las olas.
¿O es que ya no lo recuerdas?

Te vistieron turbias algas;
saludabas con maldad.
Te reías de tu sombra,
negra sombra, soledad.

Cuando el mar se torna bravo,
grueso suena un viento ronco.
Volverás a las andadas,
volverás poquito a poco.

Ay resaca, resacosa,
hay cangrejos en las rocas.
Ay, resaca borrascosa,
no hay descanso en tu derrota.

Andrés Vázquez

DIMES y DIRETES

Seguidilla

En las noches del viernes,

vinos en ciernes.

Ni dimes ni diretes,

vaya si duermes.

Como tantas las veces,

tú ganas si pierdes.

Tus idas y venidas

harto me tienen.

Suenan aquellas coplas

que el alma entienden.

Echemos la partida:

sin ganas, pierdes.

MIENTES

Seguidilla

Cuando ruge el poniente,

¡Remad valientes!

Cuando venga caliente,

uñas y dientes.

Se endurece tu mente

cuando nos mientes.

Andrés Vázquez

PASEN Y JUEGUEN

Dime, ¿cuán triste es tu dolor
y cuan alta tu condena?
Si no elegiste ya color,
quizá no valga la pena.

FIESTA CARIBEÑA (en Seseña)

A Nuño

En los jardines del barrio

ya se fríen las sardinas.

Barbacoas de extrarradio.

La ensalada está divina.

Musiquita a todo trapo.

Este fuego ya no tira.

Ese pollo hay que quemarlo.

¿Dónde hay más cerveza fría?

Joder, ya parió la abuela.

¿Quién llamó a la policía?

Echa todo a la cazuela.

Este vino está de pinga.

Que se mueran *tos* los feos.

¡Cómo baila esa niña!

Tu prefieres el invierno.

Este pollo está que pringa.

Yotuel que no se apunta.

Dale, que se venga arriba.

Se bailaron unas rumbas

hasta ver la luz del día.

 Andrés Vázquez

REMETES Y RESACAS

Coplas

Tus lunes son la remuerte;

tus martes, de remontada.

Los miércoles no eres nada.

Hoy preferimos no verte.

Y el viernes, ¡Cuánto nos quieres!

Sabadete de resaca.

Tus domingos son de traca.

Y un día vas… y te mueres.

ROMANCILLO DE LAS ENDIVIAS

A M.A.

Que les zurzan,
que se mueran los feos.
Deben ser las endivias
que amargan, cuando menos.

Que se jodan
si es que añoran mis besos.
Necesito un abrazo
pero no a cualquier precio.

Abrazos son regalos,
tanto o más que los besos.
Dime donde te duele
y te ahorro un consejo.

Los consejos se ofrendan
y se van con el viento.
Me miran con recelo
porque hago lo que quiero.

Andrés Vázquez

ALTOS Y VALLES

A tierras valencianas

Mañanas de luz y viento
de Dos Aguas descenderán.
Tardes de nubes y miedo
sin aliento te dejarán.

Domingos de plomo y lluvia,
cañas y vinos en Real.
Por aquí no pasa el Turia
y mira, oye, ni tan mal.

Mañanas de sol y viento,
paseos por El Perelló.
Nos bañamos en Pinedo
cuando apretó fuerte el calor.

Días de bravo poniente,
mejor no salir a la mar.
El marinero no miente:
te hartas de tanto remar.

Gente que por aquí venís.
Bar cerrado en Godelleta.
Acercaos a ver si en Turís,
aún muy lejos de la meta.

Petardos a mediodía,
tormentas de agua en Oliva.
Arroz al horno en Gandía
y una copita en Alzira

Rocas, arena y destino,
un helado en Malvarrosa.
En Requena hay buenos vinos,
que sus tinajas rebosan.

Naranjos y mandarinos
desde Utiel a la Albufera.
Almendros, pinos y olivos:
tierras que valen la espera.

          Andrés Vázquez

SILLA & SUECA

Conoció a una sueca en Silla
en una tarde de feria.
Se compró una silla en Sueca
y cenaron en Valencia.

SONDESOS

Desos son sus besos.
Abrigan al abrir
y envuelven al partir.
Sonbesos desos.

Sus besos son desos.
Silban al morder,
mordisquean al comer.
Sonbesos desos.

Sus besos son desos.
Jalean al duende,
zapatean si duermes.
Son besos desos.

Sus besos son desos
que no restan menos.
No hay malos ni buenos.
Son desos sus besos.

Madrid, confinamiento de abril de 2020 –
Valencia, confinamiento parcial de enero y febrero de 2021

Andrés Vázquez

NOCHES (I)

Noches negras de las brujas
que señalan noroeste.
Cuando prenda esta estufa,
verás el fuego de frente.

NOCHES (II)

Noche de estrellas limpias.

Cena, beso y a la cama.

En tu sueño no me sueñas.

En mis noches ya no hay calma.

Andrés Vázquez

9 7 9 8 7 3 4 5 0 3 6 4 5